LÉGISLATION
DE L'IMPRIMERIE ET DE LA LIBRAIRIE

Recueil des lois, décrets, ordonnances, arrêtés,
concernant l'exercice de l'imprimerie et de la librairie

Par JULES DELALAIN

Imprimeur de l'Université
président honoraire de la Chambre des imprimeurs
ancien président du Cercle de la librairie et de l'imprimerie
conseiller honoraire du même Cercle
chevalier de la Légion d'honneur, officier de l'Instruction publique

1er Fascicule.

République. — Empire.

1789-1814

PARIS.

TYPOGRAPHIE DE J. DELALAIN ET FILS
Rue des Écoles, 56.

1877.

LÉGISLATION

DE L'IMPRIMERIE ET DE LA LIBRAIRIE.

Dans ce premier fascicule ont été réunis les documents officiels relatifs à l'imprimerie et à la librairie pendant la période de la République et de l'Empire. Cette législation ayant été soumise à de constantes variations, nous n'avons pu que rapporter simplement les textes par ordre chronologique.

J. D.

LÉGISLATION

DE L'IMPRIMERIE ET DE LA LIBRAIRIE

Recueil des lois, décrets, ordonnances, arrêtés,
concernant l'exercice de l'imprimerie et de la librairie

Par JULES DELALAIN

Imprimeur de l'Université
président honoraire de la Chambre des imprimeurs
ancien président du Cercle de la librairie et de l'imprimerie
conseiller honoraire du même Cercle
chevalier de la Légion d'honneur, officier de l'Instruction publique.

— ◇ —

1er Fascicule.

République. — Empire.

1789-1814.

— ◇ —

PARIS.

TYPOGRAPHIE DE J. DELALAIN ET FILS
Rue des Écoles, 56.

—

1877.

CODE

DE L'IMPRIMERIE

ET DE LA LIBRAIRIE.

—◆—

1791.

Décret-loi du 2-17 mars 1791, portant suppression des maitrises et jurandes et établissement de patentes.

Art. 2. A compter du 1er avril 1791,... les brevets et les lettres de maîtrise, les droits perçus pour la réception des maitrises et jurandes, ceux du collége de pharmacie, et tous priviléges de professions, sous quelque dénomination que ce soit, sont supprimés.

Le comité de judicature proposera incessamment un projet de décret sur le mode et le taux des remboursements des offices mentionnés au présent article.

Art. 7. A compter du 1er avril 1791, il sera libre à toute personne de faire tel négoce ou d'exercer telle profession, art ou métier qu'elle trouvera bon ; mais elle sera tenue de se pourvoir auparavant d'une patente, d'en acquérir le prix suivant les taux déterminés, et de se conformer aux règlements de police qui sont ou pourront être faits....

Art. 9. Tout particulier qui voudra se pourvoir de patente en fera, dans le mois de décembre de chaque année, à la municipalité du ressort de son domicile, sa déclaration, laquelle sera inscrite sur un registre à souche ; il lui en sera délivré un certificat coupé dans la feuille de sa déclaration. Ce certificat contiendra son nom et la valeur locative de ses habitation, boutique, magasin et atelier. Il se présentera ensuite chez le receveur de la contribution mobilière, auquel il payera comptant le quart du prix de la patente, suivant les taux fixés, et fera sa soumission de payer le surplus, par parties égales, dans les mois de mars, juin et septembre. Ce receveur lui délivrera quittance de l'à-compte et récépissé de la soumission, au dos du certificat ; et sur la présentation de ces certificat, quittance et récépissé, qui seront déposés et enregistrés aux archives du district, la patente lui sera délivrée au secrétariat du directoire pour l'année suivante...

Art. 19. Tout particulier qui fera le négoce, exercera une profession, art ou métier quelconque, sans avoir rempli les formalités prescrites par les articles précédents et s'être pourvu d'une patente, sera condamné à une amende du quadruple du prix fixé pour la patente dont il aurait dû se pourvoir.

Art. 20. Les marchandises qui seront fabriquées ou mises en vente par des personnes non pourvues de patentes seront confisquées.

[Assemblée constituante.]

Décret-loi du 18-23 mai 1791, relatif à la publicité des affiches.

Art. 11. Dans les villes et dans chaque municipalité, *il sera, par les officiers municipaux, désigné les lieux exclusivement destinés à recevoir les affiches des lois et des actes de l'autorité publique. Aucun citoyen ne pourra faire apposer des affiches particulières dans lesdits lieux, sous peine d'une amende de cent livres, dont la condamnation sera prononcée par voie de police.

Art. 13. Aucun citoyen et aucune réunion de citoyens ne pourront rien afficher sous le titre d'arrêtés, de délibérations ni sous toute autre forme obligatoire et impérative.

Art. 14. Aucune affiche ne pourra être faite sous un nom collectif; tous les citoyens qui auront coopéré à une affiche seront tenus de la signer.

Art. 15. La contravention aux deux articles précédents sera punie d'une amende de cent livres, laquelle ne pourra être modérée, et dont la condamnation sera prononcée par voie de police.

[Assemblée constituante.]

Décret du 9-17 juin 1791, concernant la publication des bulles et actes du Pape.

Art. 1er. Aucuns brefs, bulles, rescrits, constitutions, décrets, et aucunes expéditions de la cour de Rome, sous quelque dénomination que ce soit, ne pourront être reconnus pour tels, reçus, publiés, imprimés, affichés, ni autrement mis à exécution dans le royaume, et y seront nuls et de nul effet, s'ils n'ont été présentés au corps législatif, vus et vérifiés par lui, et si leur publication ou exécution n'ont été autorisées par un décret sanctionné par le roi et promulgué dans les formes établies pour la notification des lois.

[Assemblée constituante.]

Décret-loi du 18-22 juillet 1791, relatif aux provocations à la sédition.

Art. 1er. Toutes personnes qui auront provoqué le meurtre, le pillage, l'incendie, ou conseillé formellement la désobéissance à la loi, soit par des placards ou affiches, soit par des écrits publiés ou colportés, soit par des discours tenus dans des lieux ou assemblées publiques, seront regardées comme séditieuses ou perturbatrices de la paix publique, et, en conséquence, les officiers de police sont autorisés à les faire arrêter sur-le-champ et à les remettre aux tribunaux pour être punis suivant la loi.

[Assemblée constituante.]

Décret-loi du 19-22 juillet 1791, concernant les peines de police correctionnelle.

Titre II. Police correctionnelle.

Art. 8. Ceux qui seraient prévenus d'avoir attenté publiquement aux mœurs, ... par exposition ou vente d'images obscènes, ... pourront être saisis sur-le-champ et conduits devant le juge de paix, lequel est autorisé à les faire retenir jusqu'a la prochaine audience de la police correctionnelle.

Art. 9. Si le délit est prouvé, les coupables seront condamnés, selon la gravité des faits, à une amende de cinquante à cinq cents livres et à un emprisonnement qui ne pourra excéder six mois, s'il s'agit d'images obscènes. Les estampes et les planches seront en outre confisquées et brisées...

Art. 10. Les peines portées en l'article précédent seront doubles en cas de récidive.

[*Assemblée constituante.*]

Décret-loi du 22-28 juillet 1791, relatif à la couleur du papier des affiches.

Les affiches des actes émanés de l'autorité publique seront seules imprimées sur papier blanc ordinaire, et celles faites par des particuliers ne pourront l'être que sur papier de couleur, sous peine de l'amende ordinaire de police municipale.

[*Assemblée constituante.*]

1793.

Loi du 19-24 mars 1793, relative aux chefs et instigateurs d'émeutes contre-révolutionnaires.

Art. 6. ... Ceux qui auront provoqué ou maintenu quelques-uns des attroupements des révoltés ; les chefs, les instigateurs, ceux qui auront des grades dans ces attroupements, et ceux qui seraient convaincus de meurtre. d'incendie ou de pillage, subiront la peine de mort.....

Art. 7. La peine de mort, prononcée dans les cas déterminés par le présent décret, emportera la confiscation des biens ; et il sera pourvu, sur les biens confisqués, à la subsistance des pères, mères, femmes et enfants qui n'auraient pas d'ailleurs des biens suffisants pour leur nourriture et entretien. On prélèvera en outre, sur le produit desdits biens, le montant des indemnités dues à ceux qui auront souffert de l'effet des révoltes.

[*Convention nationale.*]

Décret-loi du 19-24 juillet 1793, relatif aux droits de propriété littéraire et artistique.

Art. 1er. Les auteurs d'écrits en tous genres, les compositeurs de musique, les peintres et dessinateurs qui feront graver des tableaux ou dessins, jouiront durant leur vie entière du droit exclusif de vendre, faire vendre, distribuer leurs ouvrages dans le territoire de la République, et d'en céder la propriété en tout ou en partie.

Art. 2. Leurs héritiers ou cessionnaires jouiront du même droit durant l'espace de dix ans après la mort des auteurs.

Art. 3. Les officiers de paix seront tenus de faire confisquer, à la réquisition et au profit des auteurs, compositeurs, peintres ou dessinateurs et autres, leurs héritiers ou cessionnaires, tous les exemplaires des éditions imprimées ou gravées sans la permission formelle et par écrit des auteurs.

Art. 4. Tout contrefacteur sera tenu de payer au véritable propriétaire une somme équivalente au prix de trois mille exemplaires de l'édition originale.

Art. 5. Tout débitant d'édition contrefaite, s'il n'est pas reconnu contrefacteur, sera tenu de payer au véritable propriétaire une somme équivalente au prix de cinq cents exemplaires de l'édition originale.

Art. 6. Tout citoyen qui mettra au jour un ouvrage, soit de littérature ou de gravure, dans quelque genre que ce soit, sera obligé d'en déposer deux exemplaires à la bibliothèque nationale ou au cabinet des estampes de la République, dont il recevra un reçu signé par le bibliothécaire, faute de quoi il ne pourra être admis en justice pour la poursuite des contrefacteurs.

Art. 7. Les héritiers de l'auteur d'un ouvrage de littérature ou de gravure, ou de toute autre production de l'esprit ou du génie qui appartient aux beaux-arts, en auront la propriété exclusive pendant dix années.

[*Convention nationale.*]

1795.

Loi du 13 juin 1795 (25 prairial an 3), relative aux autorités chargées de constater les délits de contrefaçon.

Art. 1er. Les fonctions attribuées aux officiers de paix par l'article 8 de la loi du 19 juillet 1793 seront à l'avenir exercées par les commissaires de police, et par les juges de paix dans les lieux où il n'y a pas de commissaire de police.

[*Convention nationale.*]

Loi du 27 septembre 1795 (5 vendémiaire an 4), relative aux écrits des présidents et secrétaires des assemblées électorales.

Art. 1er. A dater du jour de la publication du présent décret, les présidents et secrétaires des assemblées primaires ou électorales qui mettraient aux voix ou signeraient des arrêtés ou autres actes étrangers aux élections ou à la police intérieure de leurs séances, en seront responsables.

Art. 2. Ceux qui les imprimeraient, publieraient, afficheraient, exécuteraient ou crieraient, en seront également responsables.

Art. 3. Si lesdits arrêtés ou actes tendent à provoquer à la révolte, à la résistance aux lois, les présidents et secrétaires seront déclarés coupables d'attentat à la sûreté intérieure de la République et punis comme tels.

Ceux qui les proclameraient, imprimeraient, distribueraient, colporteraient, afficheraient ou crieraient, seront punis de la même peine, s'ils sont fonctionnaires publics, et de deux années de fers, s'ils ne le sont pas.

Art. 4. Si lesdits arrêtés ou actes provoquent à la désobéissance aux lois, les présidents et secrétaires seront punis de deux années de fers.

Ceux qui les proclameraient, imprimeraient, distribueraient, colporteraient, afficheraient ou crieraient, seront punis de la même peine, s'ils sont fonctionnaires publics, et s'ils ne le sont pas, de deux ans de détention.

[Convention nationale.]

1796.

Loi du 16 avril 1796 (27 germinal an 4), relative aux peines pour attentat à la sûreté de l'État.

Art. 1er. Sont coupables de crime contre la sûreté intérieure de la République et contre la sûreté individuelle des citoyens, et seront punis de la peine de mort, conformément à l'article 612 du code des délits et des peines, tous ceux qui, par leurs discours ou par leurs écrits imprimés, soit distribués, soit affichés, provoquent la dissolution de la représentation nationale ou celle du directoire exécutif, ou le meurtre de tous ou aucun des membres qui les composent, ou le rétablissement de la royauté, ou celui de la Constitution de 1793, ou celui de la Constitution de 1791, ou de tout gouvernement autre que celui établi par la Constitution de l'an 3, acceptée par le peuple français....

La peine de mort mentionnée au présent article sera commuée en celle de la déportation si le jury déclare qu'il y a dans le délit des circonstances atténuantes.

[Gouvernement directorial.]

Loi du 17 avril 1796 (28 germinal an 4), relative aux obligations et responsabilités des imprimeurs.

Art. 1er. Il ne doit être imprimé aucuns journaux, gazettes ou autres feuilles périodiques que ce soit, distribué aucun avis dans le public, imprimé ou placardé aucune affiche, qu'ils ne portent le nom de l'auteur ou des auteurs, le nom et l'indication de la demeure de l'imprimeur.

Art. 2. La contravention à cette disposition, soit par le défaut de mention du nom de l'auteur ou du nom et de la demeure de l'imprimeur, soit par l'expression d'un faux nom ou d'une fausse demeure, sera poursuivie par les officiers de police et punie, indépendamment de ce qui pourrait donner lieu aux poursuites dont il sera parlé ci-après, d'un emprisonnement, par forme de police correctionnelle, du temps de six mois pour la première fois, et, en cas de récidive, du temps de deux années.

Art. 3. S'il est inséré dans les écrits mentionnés ci-dessus quelque article non signé, ou extrait ou supposé extrait de papiers étrangers, celui qui fait publier le journal ou autre écrit sous son nom en sera responsable.

Art. 4. Les mêmes peines seront appliquées aux distributeurs, vendeurs, colporteurs et afficheurs d'écrits imprimés en contravention à l'article précédent.

Art. 5. Les auteurs qui se permettraient de composer, et généralement toutes personnes qui imprimeraient, distribueraient, vendraient, colporteraient, afficheraient des écrits contenant les provocations déclarées criminelles par la loi du 27 germinal, présent mois, seront poursuivis de la manière qu'il est porté dans ladite loi contre les auteurs de ces provocations.

Art. 6. Ceux qui seront trouvés vendant, distribuant, colportant ou affichant aucun desdits écrits seront arrêtés et conduits devant le directeur du jury d'accusation; ils seront tenus de nommer les personnes qui leur ont remis lesdits écrits. Les personnes déclarées seront successivement appelées, jusqu'à ce que le directeur du jury parvienne à l'imprimeur ou à l'auteur.

Art. 7. Dans le cas où l'auteur serait arrêté, il sera poursuivi et jugé conformément à la loi du 27 germinal an 4 et puni des peines portées dans ladite loi.

Art. 8. Dans le cas où l'auteur ne serait point indiqué par les imprimeurs, vendeurs, distributeurs, colporteurs et afficheurs, ainsi que dans le cas où les indications qu'ils auraient données se trouveraient fausses ou porteraient, soit sur un étranger, soit sur une personne non domiciliée, ils seront punis de deux années de fers; en cas de récidive, ils seront punis de la déportation.

Art. 9. Si le jury déclare qu'il y a dans le délit des circonstances atténuantes, la peine prononcée par l'article précédent contre les personnes y dénommées pourra être commuée en une détention, par forme de police correctionnelle, qui ne pourra être moindre de six mois.

Art. 10. Lesdits imprimeurs, distributeurs, vendeurs, colporteurs et afficheurs arrêtés en exécution de la présente loi, ne seront jugés et ils ne pourront, en aucun cas, être mis en liberté qu'après le jugement de l'auteur, s'il a été dénoncé et saisi, ou après que l'inutilité des recherches pour le découvrir et le saisir aura été constatée, soit par un procès-verbal de perquisition, soit par la déclaration des imprimeurs, distributeurs, vendeurs, colporteurs et afficheurs, que l'auteur leur est connu.

[Gouvernement directorial.]

Loi du 31 octobre 1796 (10 brumaire an 5), relative à la vente et à l'impression d'annonces de marchandises anglaises.

Art. 6. A dater de la publication de la loi, il est défendu à toutes personnes de vendre ou exposer en vente aucun objet provenant des fabriques ou du commerce anglais, et à tous imprimeurs d'imprimer aucun avis qui annoncerait ces ventes....

[Gouvernement directorial.]

Loi du 25 décembre 1796 (5 nivose an 5), relative au mode d'annonces des actes officiels et des journaux.

Art. 1er. Il est défendu à tout individu d'annoncer dans les rues, carrefours et autres lieux publics, aucun journal ou écrit périodique, autrement que par le titre général et habituel qui le distingue des autres journaux.

Art. 2. Il est également défendu d'annoncer aucune loi, aucun jugement, ou autres actes d'une autorité constituée, autrement que par le titre donné auxdits actes, soit de l'autorité de laquelle ils émanent, soit par celle qui a le droit de les publier.

Art. 3. La contravention aux deux précédents articles sera punie, par voie correctionnelle, d'un emprisonnement de deux mois pour la première fois, et de six en cas de récidive.

[*Gouvernement directorial.*]

1797.

Loi du 5 septembre 1797 (19 fructidor an 5), relative aux mesures de salut public.

Art. 35. Les journaux, les autres feuilles périodiques et les presses qui les impriment sont mis, pendant un an, sous l'inspection de la police, qui pourra les prohiber, aux termes de l'article 355 de l'acte constitutionnel.

[*Gouvernement directorial.*]

Loi du 30 septembre 1797 (9 vendémiaire an 6), relative au timbre de certains imprimés.

Art. 56. Les lettres de voiture, les connaissements, chartes-parties et polices d'assurance, les cartes à jouer, les journaux, gazettes, feuilles périodiques ou papiers-nouvelles, les feuilles de papier-musique, toutes les affiches autres que celles d'actes émanés d'autorité publique, quelle que soit leur nature ou leur objet, seront assujettis au timbre fixe ou de dimension.

Art. 57. Sont exceptés les ouvrages périodiques relatifs aux sciences et aux arts, ne paraissant qu'une fois par mois, et contenant au moins deux feuilles d'impression.

Art. 58. Le droit de timbre fixe ou de dimension pour les journaux et affiches sera de cinq centimes pour chaque feuille de vingt-quatre centimètres sur trente-huit, feuilles ouvertes, ou environ; et pour chaque demi-feuille de cette dimension, de trois centimes.

Ceux qui voudront user, pour lesdites impressions, de papiers dont la dimension serait supérieure à vingt-cinq centimètres pour la feuille et à douze centimètres et demi pour la demi-feuille, les feront timbrer extraordinairement, en payant un centime pour cinq centimètres d'excédant.

Le papier sera fourni, dans tous les cas, par les citoyens auxquels il sera nécessaire.

Art. 60. Ceux qui auront répandu des journaux ou papiers-nouvelles et autres objets compris dans l'article 56 ci-dessus, et apposé ou fait apposer des affiches sans avoir fait timbrer leur papier, seront condamnés à une amende de cent livres pour chaque contravention : les objets soustraits aux droits seront lacérés.

Art. 61. Les auteurs, afficheurs, distributeurs et imprimeurs desdits journaux et affiches, seront solidairement tenus de l'amende, sauf leur recours les uns contre les autres.

[*Gouvernement directorial.*]

Arrêté directorial du 24 octobre 1797 (3 brumaire an 6) concernant le timbre des journaux et des affiches.

Art. 1er. Dans la quinzaine de la publication du présent arrêté, tous les auteurs, imprimeurs, graveurs, marchands et dépositaires de papiers-musique, seront tenus de faire timbrer en débet tous ceux de ces papiers qui sont en leur possession; passé ce délai, l'amende et la peine de la lacération prononcées par l'article 60 de la loi du 9 vendémiaire seront encourues.

Art. 2. Il sera fait un inventaire double des quantités timbrées; le marchand donnera sur l'un d'eux sa soumission de compter au préposé de la régie de l'enregistrement, à l'expiration de chaque trimestre, du droit de timbre des quantités qu'il se trouverait, par la représentation du papier restant, avoir débitées.

Art. 3. Hors le cas ci-dessus, les papiers destinés à la musique ne pourront être gravés ou imprimés qu'ils n'aient été timbrés avant la gravure ou l'impression de la musique, d'un timbre différent de celui qui sera employé pour le timbre des papiers compris en l'article 1er. Les journaux, gazettes, feuilles périodiques ou papiers-nouvelles, et les affiches, assujettis au timbre par la loi du 9 vendémiaire, ne pourront également être imprimés que sur du papier timbré avant l'impression.

Art. 4. Les imprimeurs et graveurs qui imprimeront ou graveront des journaux, gazettes, feuilles périodiques ou papiers-nouvelles, des affiches et papiers-musique, sur papier non timbré, encourront l'amende et la peine de lacération prononcées par l'article 60 de la susdite loi.

Art. 5. Dans le cas de contravention, les préposés de la régie retiendront les feuilles imprimées ou gravées qui ne seront pas timbrées, pour les joindre au procès-verbal qu'ils seront tenus de rapporter contre l'imprimeur ou graveur.

[*Gouvernement directorial.*]

1798.

Loi du 21 avril 1798 (2 floréal an 6) relative au timbre des œuvres de musique.

Art. 1er. L'article 57 de la loi du 9 vendémiaire an 6, concernant le droit de timbre, n'est applicable qu'aux feuilles périodiques de musique, quelle que soit leur étendue, et à toute œuvre de musique qui n'excédera pas deux feuilles d'impression.

[*Gouvernement directorial.*]

Loi du 9 septembre 1798 (23 fructidor an 6), prescrivant de n'employer que les dénominations nouvelles de l'Annuaire de la République.

Art. 1er. Il est défendu d'employer dans tous les actes ou conventions, soit publics, soit privés, aucune autre date ni indication que celle tirée de l'Annuaire de la République, ainsi que d'y rappeler l'ère ancienne avec la nouvelle, à peine d'une amende de dix francs contre tout signataire particulier, et de cinquante francs contre tous fonctionnaires publics, notaires et employés de la République, en contravention.

En cas de récidive, l'amende sera quadruple, et il y aura lieu à destitution pour les notaires.

N'est pas compris dans la prohibition ci-dessus, le rappel des dates ou indications contenues dans les actes antérieurs à la publication de la présente loi.

Art. 4. Il est défendu d'employer ou de rappeler aucune autre date ou indication que celles de l'Annuaire de la République, dans tous ouvrages périodiques, affiches ou écriteaux, quels qu'ils soient, à peine, contre les auteurs ou imprimeurs, de l'amende portée en l'article 1er contre les fonctionnaires publics.

Dans tous les cas, les autorités chargées de la police tiendront la main à ce que les affiches ou écriteaux en contravention soient enlevés.

[*Gouvernement directorial.*]

1799.

Loi du 25 mai 1799 (6 prairial an 7), relative au timbre des avis imprimés.

Art. 1er. Les avis imprimés, quel qu'en soit l'objet, qui se crient et distribuent dans les rues et lieux publics, ou que l'on fait circuler de toute autre manière, seront assujettis au droit de timbre, à l'exception des adresses contenant la simple indication de domicile ou le simple avis de changement.

Art. 2. Le droit établi par l'article précédent sera de cinq centimes pour la feuille d'impression ordinaire au-dessous de trente décimètres carrés ; de trois centimes pour la demi-feuille et au-dessous ; de huit centimes pour la feuille de trente décimètres carrés et au-dessous, et de quatre centimes pour la demi-feuille ; sans qu'en aucun cas le droit puisse être moindre de trois centimes pour chaque annonce ou avis.

Art. 3. Les feuilles de supplément jointes aux journaux et papiers-nouvelles, payeront le droit de timbre comme les journaux mêmes, et selon le tarif porté en la loi du 9 vendémiaire an 6.

Art. 4. Les contraventions aux dispositions de la présente loi seront punies, indépendamment de la restitution des droits fraudés, d'une amende de vingt-cinq francs pour la première fois, de cinquante francs pour la seconde, et de cent francs pour chacune des autres récidives.

[*Gouvernement directorial.*]

1800.

Arrêté consulaire du 1ᵉʳ juillet 1800 (12 messidor an 8), attribuant au préfet de police de Paris la surveillance de l'imprimerie et de la librairie.

Art. 11. Le préfet de police fera exécuter les lois de police sur l'imprimerie et la librairie, en tout ce qui concerne les offenses faites aux mœurs et à l'honnêteté publique.

[Gouvernement consulaire.]

Arrêté consulaire du 27 octobre 1800 (5 brumaire an 9), donnant aux commissaires généraux de police une certaine surveillance sur l'imprimerie et la librairie.

Art. 10. Les commissaires généraux feront exécuter les lois de police sur l'imprimerie et la librairie, en tout ce qui concerne les offenses faites aux mœurs et à l'honnêteté publique.

[Gouvernement consulaire.]

1801.

Avis du conseil d'État du 17 juillet 1801 (28 messidor an 9), relatif au timbre des catalogues de livres, prospectus d'ouvrages et notices d'art.

Les catalogues de livres, prospectus d'ouvrages et notices d'art sont compris dans les dispositions des lois des 9 vendémiaire an 6 et 7 prairial an 7 sur le timbre.

[Gouvernement consulaire.]

Arrêté consulaire du 16 septembre 1801 (29 fructidor an 9) relatif au timbrage des papiers destinés aux journaux et affiches.

Art. 4. Les journalistes et imprimeurs qui seront dans le cas de faire timbrer des papiers pour journaux, papiers-nouvelles, avis et affiches, auront un registre portatif, qu'ils représenteront au receveur toutes les fois qu'ils requerront le timbrage desdits papiers.

Le receveur du timbre inscrira sur ce registre la quantité de chacune des espèces de papiers timbrés, et la somme des droits qu'il aura reçue et portée en recette pour timbre.

[Gouvernement consulaire.]

1802.

Loi du 8 avril 1802 (18 germinal an 10), concernant la publication des actes de l'autorité religieuse.

Articles organiques de l'Église catholique.

Art. 1ᵉʳ. Aucune bulle, bref, rescrit, décret, mandat, provision, signature servant de provision, ni autres expéditions de la cour de Rome, même ne concernant que les particuliers, ne pourront être reçus, publiés, imprimés, ni autrement mis à exécution sans l'autorisation du gouvernement.

Art. 3. Les décrets des synodes étrangers, même ceux des conciles généraux, ne peuvent être publiés en France avant que le gouvernement en ait examiné la forme, leur conformité avec les lois, droits et franchises de la République française, et tout ce qui dans leur publication pourrait altérer ou intéresser la tranquillité publique.

Articles organiques des cultes protestants.

Art. 4. Aucune décision doctrinale ou dogmatique, aucun formulaire sous le titre de confession ou sous tout autre titre, ne pourront être publiés ou devenir la matière de l'enseignement, avant que le gouvernement en ait autorisé la publication ou promulgation.

[*Gouvernement consulaire.*]

1803.

Ordonnance préfectorale du 7 avril 1803 (17 germinal an 11), concernant les colporteurs.

Art. 3. Nul individu ne peut être colporteur s'il ne sait lire et écrire.

Art. 4. Tout colporteur est tenu d'avoir sur son habit une plaque de cuivre sur laquelle sera gravé le mot *colporteur,* avec le numéro de sa permission.

Art. 5. Il est défendu aux colporteurs de céder ou prêter leurs plaques ou permissions, sous quelque prétexte que ce soit.

Art. 6. Les colporteurs sont tenus de représenter leur permission chaque fois qu'ils en seront requis par les commissaires de police, officiers de paix, préposés de la préfecture de police,

et par tous autres chargés de tenir la main à l'exécution de la présente ordonnance.

Art. 7. Dans le cas de changement de demeure, les colporteurs doivent en faire la déclaration à la préfecture. Ils la feront, en outre, savoir : ceux qui demeurent à Paris, devant les commissaires de leurs ancien et nouveau domiciles, et ceux qui résident dans les communes rurales, devant les maires de leurs ancienne et nouvelle habitations.

Art. 11. Les colporteurs ne pourront s'arrêter sur la voie publique.

(*Gouvernement consulaire.*)

Loi du 11 avril 1803 (21 germinal an 11), concernant l'annonce de remèdes secrets.

Art. 36. .... Toute annonce et affiche imprimée qui indiquerait des remèdes secrets, sous quelque dénomination qu'ils soient présentés, sera sévèrement prohibée. Les individus qui se rendraient coupables de ce délit, seront poursuivis par mesure de police correctionnelle et punis conformément à l'article 183 et suivants du Code des délits et des peines.

[*Gouvernement consulaire.*]

Arrêté consulaire du 27 septembre 1803 (4 vendémiaire an 12) établissant une commission de révision des livres.

Pour assurer la liberté de la presse, aucun libraire ne pourra vendre un ouvrage avant de l'avoir présenté à une commission de révision, laquelle le rendra, s'il n'y a pas lieu à la censure.

[Gouvernement consulaire.]

1805.

Décret-loi du 18 février 1805 (29 pluviose an 13), concernant l'annonce de remèdes secrets.

Ceux qui contreviendront aux dispositions de l'article 36 de la loi du 21 germinal an 11, relative à la police de la pharmacie, seront poursuivis par mesure de police correctionnelle et punis d'une amende de vingt-cinq à six cents francs et en outre, en cas de récidive, d'une détention de trois jours au moins, de dix au plus.

[Premier Empire.]

Décret-loi du 22 mars 1805 (1er germinal an 13) relatif aux droits de propriété des œuvres posthumes.

Les propriétaires par succession ou à d'autre titre d'un ouvrage posthume ont les mêmes droits que l'auteur, et les dispositions des lois sur la propriété exclusive des auteurs et sur sa durée leur sont applicables, toutefois à la charge d'imprimer séparément les œuvres posthumes, et sans les joindre à une nouvelle édition des ouvrages déjà publiés et devenus propriété publique.

[Premier Empire.]

Décret-loi du 29 mars 1805 (7 germinal an 13) relatif au droit d'impression des livres d'église.

Art. 1er. Les livres d'église, les heures et prières, ne pourront être imprimés ou réimprimés que d'après la permission donnée par les évêques diocésains; laquelle permission sera textuellement rapportée et imprimée en tête de chaque exemplaire.

Art. 2. Les imprimeurs, libraires, qui feraient imprimer ou réimprimer des livres d'église, des heures ou prières, sans avoir obtenu cette permission, seront poursuivis conformément à la loi du 19 juillet 1793.

[Premier Empire.]

Décret-loi du 14 juin 1805 (25 prairial an 13), concernant l'annonce de remèdes secrets.

Art. 1er. La défense d'annoncer et de vendre des remèdes secrets, portée par l'article 36 de la loi du 21 germinal an 11, ne concerne pas les préparations et remèdes qui, avant la promulgation de ladite loi, avaient été approuvés, et dont la distribution avait été permise dans les formes alors usitées. Elle ne concerne pas non plus les préparations et remèdes qui, d'après l'avis des écoles ou sociétés de médecine ou de médecins commis à cet effet depuis ladite loi, ont été ou seront approuvés, et dont la distribution a été ou sera permise par le gouvernement, quoique leur composition ne soit pas divulguée.

[Premier Empire.]

1806.

Décret-loi du 4 avril 1806, concernant le catéchisme à l'usage des églises catholiques.

Art. 1er. En exécution de l'article 39 de la loi du 18 germinal an X, le catéchisme annexé au présent décret, approuvé par Son Em. le cardinal légat, sera publié et seul en usage dans toutes les églises catholiques de l'empire.

Art. 2. Notre ministre des cultes surveillera l'impression de ce catéchisme; et pendant l'espace de dix années il est spécialement autorisé à prendre, à cet effet, toutes les précautions qu'il jugera nécessaires.

Art. 3. Le présent décret sera imprimé en tête de chaque exemplaire du catéchisme et inséré au *Bulletin des lois*.

1809.

Décret-loi du 20 février 1809, relatif à la publication des manuscrits des établissements publics.

Art. 1er. Les manuscrits des archives de notre ministère des relations extérieures et ceux des bibliothèques impériales, départementales et communales, ou des autres établissements de notre empire, soit que ces manuscrits existent dans les dépôts auxquels ils appartiennent, soit qu'ils en aient été soustraits, ou que leurs minutes n'y aient pas été déposées aux termes des anciens règlements, sont la propriété de l'État, et ne peuvent être imprimés et publiés sans autorisation.

Art. 2. Cette autorisation sera donnée par notre ministre des relations extérieures pour la publication des ouvrages dans lesquels se trouveront des copies, extraits ou citations des manuscrits qui appartiennent aux archives de son ministère, et par notre ministre de l'intérieur pour celle des ouvrages dans lesquels se trouveront des copies, extraits ou citations des manuscrits qui appartiennent à l'un des autres établissements publics mentionnés dans l'article précédent.

[*Premier Empire.*]

1810.

Décret-loi du 5 février 1810, portant règlement de l'imprimerie et de la librairie.

Titre Ier.

Art. 1er. Il y aura un directeur général, chargé, sous les ordres du ministre de l'intérieur, de tout ce qui est relatif à l'imprimerie et à la librairie.

Art. 2. Six auditeurs seront placés auprès du directeur général.

Titre II. *De la profession d'imprimeur.*

Art. 3. A dater du 1er janvier 1811, le nombre des imprimeurs, dans chaque département, sera fixé, et celui des imprimeurs à Paris sera réduit à soixante.

Art. 4. La réduction dans le nombre des imprimeurs ne pourra être effectuée sans qu'on ait préalablement pourvu à ce que les imprimeurs actuels qui seront supprimés reçoivent une indemnité de ceux qui seront conservés.

Art. 5. Les imprimeurs seront brevetés et assermentés.

Art. 6. Ils seront tenus d'avoir, à Paris, quatre presses, et, dans les départements, deux.

Art. 7. Lorsqu'il viendra à vaquer des places d'imprimeur, soit par décès, soit autrement, ceux qui leur succéderont ne pourront recevoir leurs brevets et être admis au serment qu'après avoir justifié de leur capacité, de leurs bonnes vie et mœurs et de leur attachement à la patrie et au souverain.

Art. 8. On aura, lors des remplacements, des égards particuliers pour les familles des imprimeurs décédés.

Art. 9. Le brevet d'imprimeur sera délivré par notre directeur général de l'imprimerie et soumis à l'approbation de notre ministre de l'intérieur; il sera enregistré au tribunal civil du lieu de la résidence de l'impétrant, qui y prêtera serment de ne rien imprimer de contraire aux devoirs envers le souverain et à l'intérêt de l'État.

Titre IV. *Des libraires.*

Art. 29. A dater du 1er janvier 1811, les libraires seront brevetés et assermentés.

Art. 30. Les brevets de libraires seront délivrés par notre directeur général de l'imprimerie, et soumis à l'approbation de notre ministre de l'intérieur : ils seront enregistrés au tribunal civil du lieu de la résidence de l'impétrant, qui y prêtera serment de ne vendre, débiter et distribuer aucun ouvrage contraire aux devoirs envers le souverain et à l'intérêt de l'État.

Art. 31. La profession de libraire pourra être exercée concurremment avec celle d'imprimeur.

Art. 32. L'imprimeur qui voudra réunir la profession de libraire sera tenu de remplir les formalités qui sont imposées aux libraires.

Le libraire qui voudra réunir la profession d'imprimeur sera tenu de remplir les formalités qui sont imposées aux imprimeurs.

Art. 33. Les brevets ne pourront être accordés aux libraires qui voudront s'établir à l'avenir qu'après qu'ils auront justifié de leurs bonnes vie et mœurs et de leur attachement à la patrie et au souverain.

Titre V. *Des livres imprimés à l'étranger.*

Art. 34. Aucun livre en langue française ou latine, imprimé à l'étranger, ne pourra entrer en France sans payer un droit d'entrée.

Art. 35. Ce droit ne pourra être au-dessous de cinquante pour cent de la valeur de l'ouvrage.

Le tarif en sera rédigé par le directeur général de la librairie et délibéré en notre conseil d'État, sur le rapport de notre ministre de l'intérieur.

Art. 36. Indépendamment des dispositions de l'article 34, aucun livre imprimé ou réimprimé hors de France ne pourra être introduit en France sans une permission du directeur général de la librairie, annonçant le bureau de douane par lequel il entrera.

Art. 37. En conséquence, tout ballot de livres venant de l'étranger sera mis par le préposé des douanes sous corde et sous plomb et envoyé à la préfecture la plus voisine.

Art. 38. Si les livres sont reconnus conformes à la permission, chaque exemplaire ou le premier volume de chaque exemplaire sera marqué d'une estampille au lieu du dépôt provisoire, et ils seront remis au propriétaire.

Titre VI. *De la propriété et de sa garantie.*

Art. 39. Le droit de propriété est garanti à l'auteur et à sa veuve pendant leur vie, si les conventions matrimoniales de celle-ci en donnent le droit, et à leurs enfants pendant vingt ans.

Art. 40. Les auteurs, soit nationaux, soit étrangers, de tout ouvrage imprimé ou gravé, peuvent céder leur droit à un imprimeur ou libraire, ou à toute autre personne, qui est alors substituée en leur lieu et place, pour eux et leurs ayant-cause, comme il est dit à l'article précédent.

Titre VII.

Section 1re. *Des délits en matière de librairie, et du mode de les punir et de les constater.*

Art. 41. Il y aura lieu à confiscation et amende au profit de l'État, dans les cas suivants, sans préjudice des dispositions du code pénal :

1° Si l'ouvrage est sans nom d'auteur ou d'imprimeur ;

2° Si l'auteur ou l'imprimeur n'a pas fait, avant l'impression de l'ouvrage, l'enregistrement et la déclaration prescrits aux articles 11 et 12 ;

3° Si l'ouvrage ayant été demandé pour être examiné, on n'a pas suspendu l'impression ou la publication ;

4° Si, l'ouvrage ayant été examiné, l'auteur ou l'imprimeur se permet de le publier, malgré la défense prononcée par le directeur général ;

5° Si l'ouvrage est publié malgré la défense du ministre de la police générale, quand l'auteur, éditeur ou imprimeur n'a pu représenter le procès-verbal dont il est parlé art. 24 ;

6° Si, étant imprimé à l'étranger, il est présenté à l'entrée sans permission ou circule sans être estampillé ;

7° Si c'est une contrefaçon, c'est-à-dire, si c'est un ouvrage imprimé sans le consentement et au préjudice de l'auteur ou éditeur, ou de leurs ayant-cause.

Art. 42. Dans ce dernier cas, il y aura lieu, en outre, à des dommages-intérêts envers l'auteur ou éditeur, ou leurs ayant-cause, et l'édition ou les exemplaires contrefaits seront confisqués à leur profit.

Art. 43. Les peines seront prononcées et les dommages-intérêts seront arbitrés par le tribunal correctionnel ou criminel, selon le cas et d'après les lois.

Art. 44. Le produit des confiscations et des amendes sera appliqué, ainsi que le produit du droit sur les livres venant de l'étranger, aux dépenses de la direction générale de l'imprimerie et librairie.

Section 2e. *Du mode de constater les délits et contraventions.*

Art. 45. Les délits et contraventions seront constatés par les inspecteurs de l'imprimerie et de la librairie, les officiers de police, et en outre par les préposés aux douanes, pour les livres venant de l'étranger.

Chacun dressera procès-verbal

de la nature du délit et contravention, des circonstances et dépendances, et le remettra au sous-préfet de son arrondissement, pour être adressé au directeur général.

Art. 46. Les objets saisis seront déposés provisoirement au secrétariat de la mairie ou au commissariat général de la sous-préfecture ou de la préfecture la plus voisine du lieu où le délit ou la contravention sont constatés, sauf l'envoi ultérieur à qui de droit.

Art. 47. Nos procureurs généraux ou impériaux seront tenus de poursuivre d'office dans tous les cas prévus à la section précédente, sur la simple remise qui leur sera faite d'une copie des procès-verbaux dûment affirmés.

Titre VIII. *Dispositions diverses.*

Art. 48. Chaque imprimeur sera tenu de déposer à la préfecture de son département, et à Paris, à la préfecture de police, cinq exemplaires de chaque ouvrage, savoir :

Un pour la bibliothèque impériale, un pour le ministre de l'intérieur, un pour la bibliothèque de notre conseil d'État, un pour le directeur général de la librairie.

Art. 49. Il sera statué par des règlements particuliers, comme il est dit à l'article 3, sur ce qui concerne,

1° Les imprimeurs et libraires, leur réception et leur police ;

2° Les libraires étaleurs, lesquels ne sont pas compris dans les dispositions ci-dessus ;

3° Les fondeurs de caractères ;

4° Les graveurs ;

5° Les relieurs, et ceux qui travaillent dans toutes les autres parties de l'art ou du commerce de l'imprimerie et librairie.

Art. 50. Les règlements seront proposés et arrêtés en conseil d'État, sur la proposition du directeur général de la librairie, et le rapport de notre ministre de l'intérieur.

[*Premier Empire.*]

Décret-loi du 6 juillet 1810, relatif à la publication des actes officiels.

Art. 1ᵉʳ. Il est défendu à toutes personnes d'imprimer et débiter les sénatus-consultes, codes, lois et règlements d'administration publique, avant leur insertion et publication par la voie du *Bulletin* au chef-lieu de département.

Art. 2. Les éditions faites en contravention de l'article précédent seront saisies à la requête de nos procureurs généraux, et la confiscation en sera prononcée par le tribunal de police correctionnelle.

[*Premier Empire.*]

Décret-loi du 18 novembre 1810, relatif aux imprimeurs n'exerçant plus la profession d'imprimeur.

Art. 1ᵉʳ. A dater du 1ᵉʳ janvier 1811, ceux de nos sujets qui cesseront d'exercer la profession d'imprimeur, et généralement tous ceux qui, n'exerçant pas ladite profession, se trouveront propriétaires, possesseurs ou détenteurs de presses, fontes, caractères ou autres ustensiles d'imprimerie, devront, dans le délai d'un mois, faire la déclaration desdits objets, dans le département de la Seine, au préfet de police, et dans les autres départements, au préfet.

Sont exceptées de cette disposition les presses à cylindre, servant à tirer des copies.

Art. 2. Le préfet de police à Paris, et les préfets des départements, transmettront lesdites déclarations à notre conseiller d'État, directeur général de l'imprimerie et de la librairie, avec leur avis sur les demandes d'être autorisé à conserver lesdites presses et ustensiles pour continuer d'en faire usage, qui pourront être jointes aux déclarations.

Art. 3. Notre directeur général de l'imprimerie et de la librairie rendra compte du tout à nos ministres de l'intérieur et de la police, sur le rapport desquels il sera statué par nous.

Art. 4. Sont sujets aux dispositions de l'article 1er du présent décret : les imagiers, dominotiers et tapissiers.

Art. 5. Les contraventions au présent décret seront punies d'un emprisonnement de six jours à six mois, et constatées et poursuivies conformément aux dispositions de la section II du titre VII du décret du 5 février 1810.

[*Premier Empire.*]

Décret-loi du 14 décembre 1810, relatif aux feuilles et écrits périodiques.

Art. 1er. Il n'y aura qu'un seul journal dans chacun des départements autres que celui de la Seine.

Art. 2. Ce journal sera sous l'autorité du préfet, et ne pourra paraître que sous son approbation.

Art. 3. Néanmoins les préfets pourront autoriser provisoirement, dans nos grandes villes, la publication de feuilles d'affiches ou d'annonces pour les mouvements des marchandises, pour ventes d'immeubles ; les journaux qui traitent exclusivement de littérature, sciences et arts ou agriculture. Lesdites feuilles ne pourront contenir aucun article étranger à leur objet.

[*Premier Empire.*]

Décret-loi du 14 décembre 1810, relatif aux droits d'entrée des publications étrangères.

Art. 1er. Le droit de cinquante pour cent, établi par notre décret du 5 février 1810, sur les livres imprimés à l'étranger en langue latine ou en langue française est fixé à 150 francs pour 100 kil. pesant.

Art. 2. Les ouvrages nationaux, ou leur traduction en langue étrangère, et qui sont imprimés à l'étranger, seront assujettis au même droit.

Art. 3. Les ouvrages composés par des étrangers en langue étrangère, et imprimés hors de France, ne seront soumis qu'à un simple droit d'estampillage de 2 cent. par kil. pesant.

Art. 4. Les livres imprimés en France et revenant de l'étranger ne seront soumis qu'au droit de la balance du commerce.

Art. 5. Les droits dont il est mention au présent décret seront perçus par les receveurs des douanes, et versés par eux, comme fonds spécial, à la caisse d'amortissement, à la charge de donner avis de l'époque et du montant de chaque versement au directeur général de la librairie.

Ils jouiront de la même remise qui leur est accordée sur la perception de la taxe pour l'entretien des ports.

Art. 6. Les livres introduits en fraude du droit à l'aide d'un faux frontispice seront confisqués ; et les auteurs de la fraude seront poursuivis et punis conformément aux dispositions de l'article 287 du Code pénal.

Art. 7. Les contraventions au présent décret seront constatées et poursuivies comme il est prescrit par la section 2 du titre 7 de notre décret du 5 février 1810.

Art. 8. Notre ministre de l'intérieur pourra, sur la proposition du directeur général de la librairie, accorder, dans l'intérêt des arts, des sciences et des lettres, à des compagnies de sciences, littérature et arts, ou à des individus ne faisant pas le commerce de librairie, l'exemption ou la modération des droits ci-dessus fixés, pour les ouvrages d'arts, littérature, sciences, ou d'érudition, imprimés à l'étranger, soumis au droit fixé par les articles 1 et 2 ; et la permission fixera le nombre des exemplaires.

[Premier Empire.]

Décret-loi du 14 décembre 1810, relatif aux censeurs de l'imprimerie.

Art. 1er. Les censeurs dont il est fait mention à l'article 14 de notre décret du 5 février dernier porteront le titre de censeurs impériaux.

Art. 2. Ils recevront un traitement annuel et fixe de douze cents francs.

Ils recevront en outre une rétribution annuelle proportionnée à leurs travaux.

Art. 3. Le montant du traitement des censeurs impériaux et de la rétribution qui pourra leur être allouée sera imputé sur les fonds des dépenses du service extérieur de la direction générale de la librairie et ordonnancé par notre ministre de l'intérieur.

Art. 4. Notre ministre de l'intérieur arrêtera l'état des rétributions supplémentaires qui pourraient être accordées, chaque année, aux censeurs impériaux, sur l'avis du directeur général de la librairie.

[Premier Empire.]

1811.

Décret-loi du 2 février 1811, relatif à la forme des brevets d'imprimeur.

Art. 1er. Les brevets d'imprimeur seront délivrés sur parchemin par notre directeur général de l'imprimerie en la forme voulue par l'article 9 du décret du 5 février 1810, suivant le modèle ci-joint.

Art. 2. Les frais d'expédition des brevets demeurent fixés à cinquante francs pour Paris et vingt-cinq francs pour les autres villes de l'Empire.

Art. 3. Les brevets ne sont remis aux impétrants que sur le vu de la quittance des frais d'expédition.

Art. 4. Ces fonds seront réunis aux fonds spéciaux affectés aux dépenses générales de l'imprimerie et de la librairie.

Brevet d'imprimeur.

Au nom de l'empereur,

Vu l'arrêté de S. E. le Ministre de l'intérieur, sous la date du

....., pris en exécution de l'article 3 du décret impérial du 5 février 1810, contenant règlement sur l'imprimerie et la librairie ; lequel arrêté maintient le sieur ..... dans l'exercice de l'état d'imprimeur dans le déparment de ....., arrondissement de ....., à la résidence de .....

Nous, conseiller d'État, directeur général de l'imprimerie et de la librairie, conformément à l'article 9 du même décret, et suivant les dispositions du décret impérial du 2 février 1811, avons accordé le présent brevet d'imprimeur au sieur ..... pour lui servir et valoir ce que de raison, et exercer ledit état d'imprimeur en se conformant aux lois et règlements, à la charge, par l'impétrant, de le faire enregistrer au tribunal civil du lieu de sa résidence, après y avoir prêté serment de ne rien imprimer qui puisse porter atteinte aux devoirs des sujets envers le souverain et à l'intérêt de l'État.

Fait à l'hôtel de la direction générale de l'imprimerie et de la librairie, le .....

Le conseiller d'État,
directeur général,
Vu et approuvé
par le ministre de l'intérieur,
[Premier Empire.]

Décret-loi du 2 février 1811, relatif au mode de liquidation de l'indemnité due aux imprimeurs supprimés à Paris.

Titre Iᵉʳ. *Des presses supprimées.*

Art. 1ᵉʳ. Les imprimeurs conservés dans notre bonne ville de Paris sont tenus d'acheter les presses des imprimeurs supprimés ; ils les payeront, au prix de l'estimation qui en sera faite, en un an et en quatre termes.

Art. 2. Chacun des imprimeurs conservés payera un soixantième du prix total de cette acquisition.

Art. 3. Les imprimeurs conservés s'entendront entre eux pour se partager les presses ainsi acquises.

Art. 4. Immédiatement après la publication du présent décret, les scellés seront apposés sur les caractères appartenant aux imprimeurs supprimés.

Ils pourront les vendre à leur gré, pourvu que cette vente ne soit faite qu'à des imprimeurs et fondeurs brevetés. .

Titre II. *De l'indemnité accordée aux imprimeurs supprimés.*

Art. 5. Il sera payé par les imprimeurs conservés aux imprimeurs supprimés une indemnité.

Art. 6. Cette indemnité est fixée sur le pied de quatre mille francs par imprimeur supprimé.

Art. 7. Il en sera fait une somme totale qui sera répartie entre les imprimeurs supprimés, proportionnellement à l'importance et à l'activité de leur établissement, dûment constatées.

Art. 8. À cet effet, les imprimeurs supprimés seront divisés en plusieurs classes. On placera dans la première ceux dont l'établissement sera reconnu avoir le plus d'importance, et dans la dernière ceux qui seront trouvés avoir l'établissement le moins considérable en valeur mobilière et en occupations.

Art. 9. Cette division en classes sera faite et l'indemnité sera fixée par une commission dont il sera parlé ci-après.

Art. 10. Chacun des soixante imprimeurs conservés payera un soixantième de la somme totale fixée pour l'indemnité due aux imprimeurs supprimés.

Art. 11. Les sommes payées par les imprimeurs conservés, tant pour l'achat des presses que pour l'indemnité des imprimeurs supprimés, seront versées à la caisse d'amortissement, savoir : le premier quart comptant et en espèces, les trois quarts en effets payables à quatre, huit et douze mois. Les valeurs n'en seront tirées, pour être réparties aux imprimeurs supprimés, que sur les mandats du président de la commission, visés par le directeur général de la librairie.

Art. 12. Tout créancier des imprimeurs supprimés pourra faire opposition à la caisse d'amortissement pour la conservation de ses droits.

Titre III. *De la commission.*

Art. 13. La commission dont il est parlé à l'article 9 sera composée de l'inspecteur de l'Imprimerie impériale, qui la présidera, d'un auditeur au conseil d'État, de deux inspecteurs de la librairie et de deux imprimeurs brevetés.

Art. 14. Cette commission sera chargée de faire et d'ordonner toutes les opérations nécessaires à la fixation du prix de l'acquisition des presses, à la fixation des indemnités et à leur répartition entre les imprimeurs supprimés.

Art. 15. Toutes les décisions de la commission seront soumises à notre directeur général, pour être approuvées par lui, s'il y a lieu, après avoir entendu les parties intéressées. En cas de réclamations, elles seront portées devant notre ministre de l'intérieur, qui en décidera définitivement.

[Premier Empire.]

Décret-loi du 11 février 1811, modifiant le nombre des imprimeurs de Paris.

Art. 1er. Le nombre des imprimeurs de notre bonne ville de Paris, fixé à soixante par nos décrets précédents, est porté à quatre-vingts. En conséquence, il sera dressé une liste complémentaire de vingt imprimeurs.

[Premier Empire.]

Décret-loi du 9 avril 1811, ordonnant l'exécution, dans divers départements réunis, du décret du 5 février 1810, concernant l'imprimerie et la librairie, et de celui du 3 août suivant, relatif aux feuilles et écrits périodiques.

Art. 1er. Le décret du 5 février 1810, portant règlement sur l'imprimerie et la librairie, et celui du 3 août suivant seront publiés et exécutés dans les départements de l'ancienne Hollande et dans ceux des Bouches-de-l'Elbe, des Bouches-du-Weser et de l'Ems-Supérieur.

Art. 2. Les journaux ou feuilles quotidiennes seront réduits conformément au décret du 3 août dernier ; et le nombre des journaux à conserver sera réglé en notre conseil, sur le rapport du ministre de l'intérieur et l'avis du directeur général de l'imprimerie et de la librairie.

[Premier Empire.]

Décret-loi du 29 avril 1811, établissant un droit sur les labeurs d'imprimerie.

Art. 1er. A dater de la publication du présent décret, il est établi, dans toute l'étendue de notre Empire, un droit d'un centime par feuille d'impression sur tous les ouvrages connus en imprimerie sous le nom de labeurs, quel que soit le format du volume, si ces ouvrages n'appartiennent à aucun auteur vivant ou à ses héritiers.

Art. 2. Ne seront pas passibles de cette taxe, les ouvrages d'imprimerie connus sous le nom d'ouvrages de ville ou bilboquets.

Art. 3. Le produit de ce droit sera affecté aux dépenses de notre direction générale de l'imprimerie et de la librairie.

Art. 4. Le mode de perception et le mode de comptabilité seront réglés par nous en notre conseil d'État, sur la proposition du directeur général et sur le rapport de notre ministre de l'intérieur.

[*Premier Empire.*]

Arrêté ministériel du 20 mai 1811, relatif à la fixation du nombre des imprimeurs des départements.

Art. 1er. Les imprimeurs des départements sont divisés en deux classes : la première est formée du nombre des imprimeurs fixé pour chaque département et du nom de ceux qui doivent entrer dans cette classe sous le titre d'imprimeurs conservés ; la seconde classe est formée de ceux qui peuvent exercer l'imprimerie leur vie durant, sans avoir de successeurs.

Art. 2. Les imprimeurs qui ne sont pas compris dans ces deux classes ont cessé ou doivent cesser l'exercice de leur profession, soit pour cause de décès ou de renonciation volontaire, soit pour ne s'être pas conformés aux dispositions des décrets et règlements relatifs à l'imprimerie, soit pour d'autres motifs particuliers.

[*Premier Empire.*]

Décret-loi du 3 juin 1811, relatif au payement du droit sur les labeurs d'imprimerie.

Art. 1er. Chaque imprimeur, en effectuant le dépôt de cinq exemplaires ordonné par l'article 48 du règlement du 5 février 1810, devra l'accompagner de la remise de son obligation personnelle, par laquelle il s'engagera à payer dans trois mois, à partir du jour du dépôt, la somme dont il est redevable d'après le nombre d'exemplaires de son édition et le nombre de feuilles de chaque exemplaire.

Art. 2. Les obligations des imprimeurs seront versées sur bordereau à la caisse d'amortissement, dont le caissier général fournira son reçu provisoire au directeur de l'imprimerie.

Art. 3. A leurs échéances respectives, elles seront présentées, par les soins de la caisse d'amortissement, aux imprimeurs qui les auront souscrites, et les fonds en provenant seront portés, à dater du jour de recouvrement, au crédit du compte de la direction générale de l'imprimerie.

Art. 6. Quoique l'échéance habituelle des obligations soit fixée à trois mois, qui commencent le jour du dépôt, néanmoins un plus long délai pourra être accordé aux imprimeurs par le directeur général de l'imprimerie pour les ouvrages qui, par leur importance ou la mise de fonds nécessaire à leur entreprise, mériteront évidemment cette faveur. Il pourra même, à cet effet, leur faire souscrire des coupures d'obligations.

[Premier Empire.]

Décret-loi du 19 juin 1811, accordant réciproquement aux auteurs français et italiens, dans l'étendue de l'empire et du royaume d'Italie, les droits d'auteur assurés par le décret-loi du 5 février 1810.

Art. 1. Notre décret du 29 avril 1811, qui établit, à dater du jour de sa publication, dans toute l'étendue de notre empire un droit d'un centime par feuille d'impression, quel que soit le format du volume, sur tous les ouvrages connus en imprimerie sous le nom de labeurs, s'ils n'appartiennent pas à des auteurs vivants ou à leurs héritiers, est applicable, dans toutes ses dispositions, à notre royaume d'Italie, et sera également mis à exécution à compter du jour de sa publication.

Art. 2. Les auteurs français et italiens, ainsi que les héritiers des uns et des autres, jouiront réciproquement, comme s'ils étaient nationaux, dans toute l'étendue de notre empire et du royaume d'Italie, des droits d'auteur assurés par l'art. 39 de notre décret du 5 février 1810.

[Premier Empire.]

Décret-loi du 12 septembre 1811, relatif aux droits d'entrée des livres imprimés en pays étrangers.

Art. 1er. Les droits à l'entrée en France, établis par les articles 34 et 35 de notre décret du 5 février 1810, sur les livres latins et français imprimés à l'étranger, et réglés par les articles 1 et 2 de celui du 14 décembre suivant, à raison de 150 francs par quintal métrique, ne seront perçus à l'avenir que sur les ouvrages en langue française.

Art. 2. Il sera perçu sur les ouvrages en langues vivantes étrangères, imprimés à l'étranger, un droit de 75 centimes par kilogramme pesant.

[Premier Empire.]

Décret-loi du 26 septembre 1811, relatif à la publication des feuilles et écrits périodiques.

Art. 3. Les feuilles d'affiches, annonces et avis divers seront publiées séparément des journaux des départements ; en conséquence, leur impression continuera d'appartenir aux imprimeurs qui en étaient chargés avant notre décret du 3 août 1810.

Art. 4. Ces feuilles, bornées aux seuls objets indiqués par leur titre, ne pourront contenir aucun article de nouvelles politiques ou de littérature.

Art. 5. Pour faciliter l'exécution des publications prescrites par le code de procédure civile, articles 683, 962 et 964, elles pourront avoir lieu dans les feuilles d'arrondissement de sous-préfecture comme dans celles de département; mais les annonces dans les feuilles de département seront suffisantes pour l'exécution de la loi.

Art. 6. Dans les départements où l'usage des deux langues est conservé, les feuilles d'affiches seront imprimées sur deux colonnes, dont l'une française, et l'autre allemande, hollandaise ou italienne, suivant les lieux. Les journaux politiques de ces départements sont assujettis à la même règle, à l'exception de ceux de la ci-devant Toscane.

Art. 7. Notre ministre de l'intérieur, sur la proposition de notre directeur général de la librairie, réglera le format des affiches, leur justification et le prix de l'insertion par ligne. L'imprimeur ne pourra percevoir au-dessus de la fixation, sous peine de concussion.

[Premier Empire.]

**Décret-loi du 14 octobre 1811,
relatif à la publication du
Journal de la Librairie.**

Art. 1ᵉʳ. La direction générale de l'imprimerie et de la librairie est autorisée à publier, à dater du 1ᵉʳ novembre prochain, un journal dans lequel seront annoncées toutes les éditions d'ouvrages imprimés ou gravés qui seront faites à l'avenir, avec le nom des éditeurs et des auteurs, si ces derniers sont connus, le nombre d'exemplaires de chaque édition et le prix de l'ouvrage. Elle y fera aussi insérer, avant la publication des ouvrages, les déclarations qui auront été faites par les libraires pour la réimpression des livres du domaine public.

Art. 2. Les fonds provenant des abonnements au *Journal de la Librairie* seront affectés aux dépenses de la direction générale.

Art. 3. Conformément aux dispositions de l'article 12 de l'arrêt du Conseil du 16 avril 1785, il est défendu à tous auteurs et éditeurs, directeurs ou rédacteurs des gazettes, journaux-affiches, feuilles périodiques et autres papiers publics, tant à Paris que dans les départements, même de ceux étrangers dont la distribution est permise dans l'Empire, d'annoncer, sous quelque prétexte que ce puisse être, aucun ouvrage imprimé ou gravé, national ou étranger, si ce n'est après qu'il aura été annoncé par le *Journal de la Librairie*, en se conformant, pour le prix de l'ouvrage, à celui qui aura été indiqué dans ce journal, à peine de deux cents francs d'amende pour la première contravention, et d'amende arbitraire, ainsi que de déchéance de leurs permissions, en cas de récidive, même telle autre peine qu'il appartiendra, s'il s'agissait d'ouvrages non permis ou prohibés.

[Premier Empire.]

1812.

**Décret-loi du 2 juillet 1812,
concernant le dépot des ouvrages publiés à Paris.**

Art. 1ᵉʳ. Des cinq exemplaires de chaque ouvrage imprimé à Paris, qui, aux termes de l'article 48 de notre décret du 5 février 1810, doivent être déposés à la préfecture de police, un seul exemplaire y sera déposé désormais. Les quatre autres exemplaires seront déposés à la direction générale de l'imprimerie et de la librairie, en même temps que le premier à la préfecture de police.

[*Premier Empire.*]

Décret-loi du 11 juillet 1812, relatif aux brevets de libraire.

Art. 1er. Les dispositions de notre décret du 2 février 1811, relatives aux brevets des imprimeurs, sont déclarées applicables et reconnues communes aux libraires.

Art. 2. Leur brevet sera conforme au modèle ci-annexé.

Art. 3. Ne sont pas compris dans ces dispositions les libraires étaleurs-bouquinistes.

Brevet de libraire.

Au nom de l'empereur,

Vu le décret impérial du 5 février 1810, contenant règlement sur l'imprimerie et la librairie.

Nous, conseiller d'État, directeur général de l'imprimerie et de la librairie, conformément aux articles 30 et 33 du même décret, et suivant les dispositions du décret impérial du 11 juillet 1812, avons délivré le présent brevet de libraire au sieur ....., pour lui servir ce que de raison et exercer ledit état de libraire à ....., département de ....., en se conformant aux lois et règlements, à la charge par l'impétrant de le faire enregistrer au tribunal de première instance du lieu de sa résidence, après y

avoir prêté serment de ne vendre, débiter et distribuer aucun ouvrage contraire aux devoirs des sujets envers le souverain et à l'intérêt de l'État.

Fait à l'hôtel de la direction générale de l'imprimerie et de la librairie, le .....

Le conseiller d'État,
directeur général

Vu et approuvé
par le ministre de l'intérieur,

[*Premier Empire.*]

Décret-loi du 22 décembre 1812, relatif à la publication de feuilles ou écrits périodiques.

Art. 4. Aucun journal, quel que soit son titre, ne sera assujetti à être imprimé dans les deux langues.

Ne sont point comprises dans la présente disposition les nouvelles politiques, lesquelles seront imprimées à deux colonnes, dont l'une française, lors même qu'elles ne seraient pas l'objet principal du journal où elles sont insérées ; et, si les articles sont extraits d'un journal français, le texte français sera conservé.

Art. 5. Il est dérogé aux décrets antérieurs en ce qu'ils auraient de contraire au présent décret, dans lequel ne sont point compris les départements formés des États romains et de la Toscane.

[*Premier Empire.*]

TABLE DES DOCUMENTS OFFICIELS.

PÉRIODE DE LA RÉPUBLIQUE.

Code Impr.   2

PÉRIODE DE L'EMPIRE.

TYPOGRAPHIE DE J. DELALAIN ET FILS
rue des Écoles 56, à Paris.

www.ingramcontent.com/pod-product-compliance
Lightning Source LLC
Chambersburg PA
CBHW071422030726
47594CB00006B/2526